La chèvre de monsieur Seguin

Éditions Glénat
Couvent Sainte-Cécile
37, rue Servan
38000 GRENOBLE

Avec la participation de Marlène Jobert
Illustrations de couverture : Giuseppe Ferrario et Flavio Fausone
Illustrations intérieures : Atelier Philippe Harchy
Photo de couverture : Marianne Rosenstiehl
Prépresse et fabrication : Glénat Production

Achevé d'imprimer en mars 2015 en Italie par ꞁ Centro Poligrafico Milano S.p.A.

Le papier utilisé pour la réalisation de ce livre provient de forêts gérées de manière durable.

Dépôt légal : avril 2015
ISBN : 978-2-344-00777-8

Loi n°49-956 du 16 juillet 1949 sur les publications destinées à la jeunesse.

Monsieur Seguin n'avait jamais eu de chance avec ses chèvres. Il les perdait toutes de la même façon ; un beau matin, elles cassaient leur corde, s'en allaient dans la montagne, et là-haut le loup les mangeait.

Ni les caresses de leur maître, ni la peur du loup, rien ne les retenait. C'était, paraît-il, des chèvres indépendantes, voulant à tout prix le grand air et la liberté.

Le brave monsieur Seguin, qui ne comprenait rien au caractère de ses bêtes, était consterné. Il disait:
– *C'est fini; les chèvres s'ennuient chez moi; je n'en garderai pas une.*
Cependant, il ne se découragea pas et, après avoir perdu six chèvres de la même manière, il en acheta une septième; seulement, cette fois, il eut soin de la prendre toute jeune, pour qu'elle s'habituât mieux à demeurer chez lui.

Ah! Qu'elle était jolie la petite chèvre de monsieur Seguin! Qu'elle était jolie avec ses yeux doux, sa barbiche de sous-officier, ses sabots noirs et luisants, ses cornes zébrées et ses longs poils blancs qui lui faisaient une houppelande! Et puis, docile, caressante, se laissant traire sans bouger, sans mettre son pied dans l'écuelle.

Un amour de petite chèvre...

La chèvre de monsieur Seguin

Monsieur Seguin avait derrière sa maison un clos entouré d'aubépine. C'est là qu'il mit la nouvelle pensionnaire. Il l'attacha à un pieu, au plus bel endroit du pré, en ayant soin de lui laisser beaucoup de corde, et de temps en temps il venait voir si elle était bien. La chèvre se trouvait très heureuse et broutait l'herbe de si bon cœur que monsieur Seguin était ravi.
– *Enfin,* pensait le pauvre homme, *en voilà une qui ne s'ennuiera pas chez moi !*

Monsieur Seguin se trompait, sa chèvre s'ennuya.
Un jour, elle se dit en regardant la montagne :
– *Comme on doit être bien là-haut ! Quel plaisir de gambader dans la bruyère, sans cette maudite longe qui vous écorche le cou ! C'est bon pour l'âne ou pour le bœuf de brouter dans un clos ! Les chèvres, il leur faut du large.*

La chèvre de monsieur Seguin

À partir de ce moment, l'herbe du clos lui parut fade. L'ennui lui vint. Elle maigrit, son lait se fit rare. C'était pitié de la voir tirer tout le jour sur sa longe, la tête tournée du côté de la montagne en faisant « Mê ! » tristement.

Monsieur Seguin s'apercevait bien que sa chèvre avait quelque chose, mais il ne savait pas ce que c'était...

Un matin, comme il achevait de la traire, la chèvre se retourna et lui dit dans son patois :

- Écoutez, monsieur Seguin, je me languis chez vous, laissez-moi aller dans la montagne.

- Ah ! Mon Dieu ! Elle aussi ! cria monsieur Seguin stupéfait.

Et, du coup, il laissa tomber son écuelle ; puis, s'asseyant dans l'herbe à côté de sa chèvre :

- Comment, Blanquette, tu veux me quitter ?

Et Blanquette répondit :

- *Oui, monsieur Seguin.*

- *Est-ce que l'herbe te manque ici ?*

- *Oh ! Non, monsieur Seguin !*

- *Tu es peut-être attachée de trop court, veux-tu que j'allonge la corde ?*

- *Ce n'est pas la peine, monsieur Seguin.*

- *Alors, qu'est-ce qu'il te faut ? Qu'est-ce que tu veux ?*

- *Je veux aller dans la montagne, monsieur Seguin.*

- *Mais, malheureuse, tu ne sais pas qu'il y a le loup dans la montagne... Que feras-tu quand il viendra ?*

- *Je lui donnerai des coups de cornes, monsieur Seguin.*

- *Le loup se moque bien de tes cornes. Il m'a mangé des biques autrement encornées que toi... Tu sais bien, la pauvre vieille Renaude qui était ici l'an dernier ? Une maîtresse chèvre, forte et méchante comme un bouc.*

Elle s'est battue avec le loup toute la nuit... puis, le matin, le loup l'a mangée.

- Peuchère ! Pauvre Renaude ! Ça ne fait rien, monsieur Seguin, laissez-moi aller dans la montagne.

- Bonté divine ! dit monsieur Seguin ; mais qu'est-ce qu'on leur fait donc à mes chèvres ? Encore une que le loup va me manger... Eh bien, non... Je te sauverai malgré toi, coquine ! Et de peur que tu ne rompes ta corde, je vais t'enfermer dans l'étable, et tu y resteras toujours.

Là-dessus, monsieur Seguin emporta la chèvre dans une étable toute noire, dont il ferma la porte à double tour. Malheureusement, il avait oublié la fenêtre, et à peine eut-il le dos tourné que la petite s'en alla...

Quand la chèvre blanche arriva dans la montagne, ce fut un ravissement général.

Jamais les vieux sapins n'avaient rien vu d'aussi joli. On la reçut comme une petite reine. Les châtaigniers se baissaient jusqu'à terre pour la caresser du bout de leurs branches. Les genêts d'or s'ouvraient sur son passage et sentaient bon tant qu'ils pouvaient… Toute la montagne lui fit fête. Plus de corde, plus de pieu… Rien qui l'empêchât de gambader, de brouter à sa guise… C'est là qu'il y en avait de l'herbe ! Jusque par-dessus les cornes. Et quelle herbe ! Savoureuse, fine, dentelée, faite de mille plantes…

C'était bien autre chose que le gazon du clos. Et les fleurs donc ! De grandes campanules bleues, des digitales de pourpre à longs calices, toute une forêt de fleurs sauvages débordant de sucs capiteux !

La chèvre blanche, à moitié soûle, se vautrait là-dedans les jambes en l'air et roulait le long des talus, pêle-mêle avec les feuilles tombées et les châtaignes...

Puis, tout à coup, elle se redressait d'un bond sur ses pattes. Hop ! La voilà partie, la tête en avant, à travers les maquis et les buissières, tantôt sur un pic, tantôt au fond d'un ravin, là-haut, en bas, partout... On aurait dit qu'il y avait dix chèvres de monsieur Seguin dans la montagne.

C'est qu'elle n'avait peur de rien, la Blanquette.

Elle franchissait d'un saut de grands torrents qui l'éclaboussaient au passage de poussière humide et d'écume. Alors, toute ruisselante, elle allait s'étendre sur quelque roche plate et se faisait sécher par le soleil.

Une fois, s'avançant au bord d'un plateau, elle aperçut en bas, tout en bas dans la plaine, la maison de monsieur Seguin avec le clos derrière. Cela la fit rire aux larmes.

– *Que c'est petit !* dit-elle. *Comment ai-je pu tenir là-dedans ?*

Pauvrette ! De se voir si haut perchée, elle se croyait au moins aussi grande que le monde...

En somme, ce fut une bonne journée pour la chèvre de monsieur Seguin.

17

Vers le milieu du jour, en courant de droite et de gauche, elle tomba au milieu d'une troupe de chamois. Notre petite coureuse en robe blanche fit sensation.

Tous ces messieurs furent très galants. Il paraît même qu'un jeune chamois à pelage noir eut la bonne fortune de plaire à Blanquette.
Les deux amoureux s'égarèrent parmi le bois une heure ou deux, et si vous voulez savoir ce qu'ils dirent, allez le demander aux sources bavardes qui courent invisibles dans la mousse.

La chèvre de monsieur Seguin

Tout à coup le vent fraîchit. La montagne devint violette ; c'était le soir.

– *Déjà !* dit la petite chèvre. Et elle s'arrêta fort étonnée.

En bas, les champs étaient noyés de brume.

Le clos de monsieur Seguin disparaissait dans le brouillard, et de la maisonnette on ne voyait plus que le toit avec un peu de fumée.

Elle écouta les clochettes d'un troupeau qu'on ramenait, et se sentit l'âme toute triste. Un gerfaut qui rentrait la frôla de ses ailes en passant.

Elle tressaillit... Puis ce fut un hurlement dans la montagne :
« Hou ! Hou ! »

La chèvre de monsieur Seguin

Elle pensa au loup ; de tout le jour la folle n'y avait pas pensé...
Au même moment une trompe sonna bien loin dans la vallée.
C'était ce bon monsieur Seguin qui tentait un dernier effort.

– *Hou ! Hou !* faisait le loup.
– *Reviens ! Reviens !* criait la trompe.
Blanquette eut envie de revenir ; mais, en se rappelant le pieu, la corde, la haie du clos, elle pensa que maintenant elle ne pourrait plus se faire à cette vie et qu'il valait mieux rester.
La trompe ne sonnait plus...

La chèvre entendit derrière elle un bruit de feuilles. Elle se retourna et vit dans l'ombre deux oreilles courtes, toutes droites, avec deux yeux qui reluisaient... C'était le loup.

Énorme, immobile, assis sur son train de derrière, il était là, regardant la petite chèvre blanche et la dégustant par avance. Comme il savait bien qu'il la mangerait, le loup ne se pressait pas ; seulement, quand elle se retourna, il se mit à rire méchamment.
– *Ha ! Ha ! La petite chèvre de monsieur Seguin...*
Et il passa sa grosse langue rouge sur ses babines d'amadou.

La chèvre de monsieur Seguin

Blanquette se sentit perdue... Un moment, en se rappelant l'histoire de la vieille Renaude qui s'était battue toute la nuit pour être mangée le matin, elle se dit qu'il vaudrait peut-être mieux se laisser manger tout de suite...

Puis, s'étant ravisée, elle tomba en garde, la tête basse et la corne en avant, comme une brave chèvre de monsieur Seguin qu'elle était...
Non pas qu'elle eût l'espoir de tuer le loup – les chèvres ne tuent pas le loup – mais seulement pour voir si elle pourrait tenir aussi longtemps que la Renaude...

Alors le monstre s'avança, et les petites cornes entrèrent en danse.

Ah! La brave chevrette, comme elle y allait de bon cœur! Plus de dix fois elle força le loup à reculer pour reprendre haleine.

Pendant ces trêves d'une minute, la gourmande cueillait en hâte encore un brin de sa chère herbe; puis elle retournait au combat, la bouche pleine...

Cela dura toute la nuit. De temps en temps, la chèvre de monsieur Seguin regardait les étoiles danser dans le ciel clair, et elle se disait:

– *Oh! Pourvu que je tienne jusqu'à l'aube...*

L'une après l'autre, les étoiles s'éteignirent.

Blanquette redoubla de coups de cornes, le loup de coups de dents. Une lueur pâle parut dans l'horizon. Le chant du coq enroué monta d'une métairie.

– *Enfin !* dit la pauvre bête qui n'attendait plus que le jour pour mourir ; et elle s'allongea par terre dans sa belle fourrure blanche toute tachée de sang.
Alors, le loup se jeta sur la petite chèvre et la mangea.

Fin